Gina Markmann

Marsch 2021

Partitur

Bibliografische Informationen der Deutschen Nationalbibliothek:
Die Deutsche Nationalbibliothek verzeichnet diese Publikation in der Deutschen
Nationalbibliografie; detaillierte bibliografische Daten sind im Internet über dnb.dnb.
aufrufbar.

© 2021 Gina Markmann
Herstellung und Verlag: BoD- Books on Demand, Norderstedt

ISBN: 9783754398562

Marsch 2021

4

5

41

45

57

Marsch 2021

Piccoloflöte

Marsch 2021

Flöte

Oboe

Marsch 2021

Marsch 2021

Klarinette in Es

Marsch 2021

Marsch 2021

Bassklarinette

Fagott

Marsch 2021

Marsch 2021

Marsch 2021

Tenorsaxophon

Marsch 2021

Baritonsaxophon

Horn in F

Marsch 2021

Marsch 2021

Horn in Es

Marsch 2021

Horn in tiefem B

Marsch 2021

Flügelhorn

Marsch 2021

Trompete in B

Marsch 2021

Posaune

Posaune (Violinschlüssel)

Marsch 2021

Basssposaune

Marsch 2021

Marsch 2021

Tenorhorn

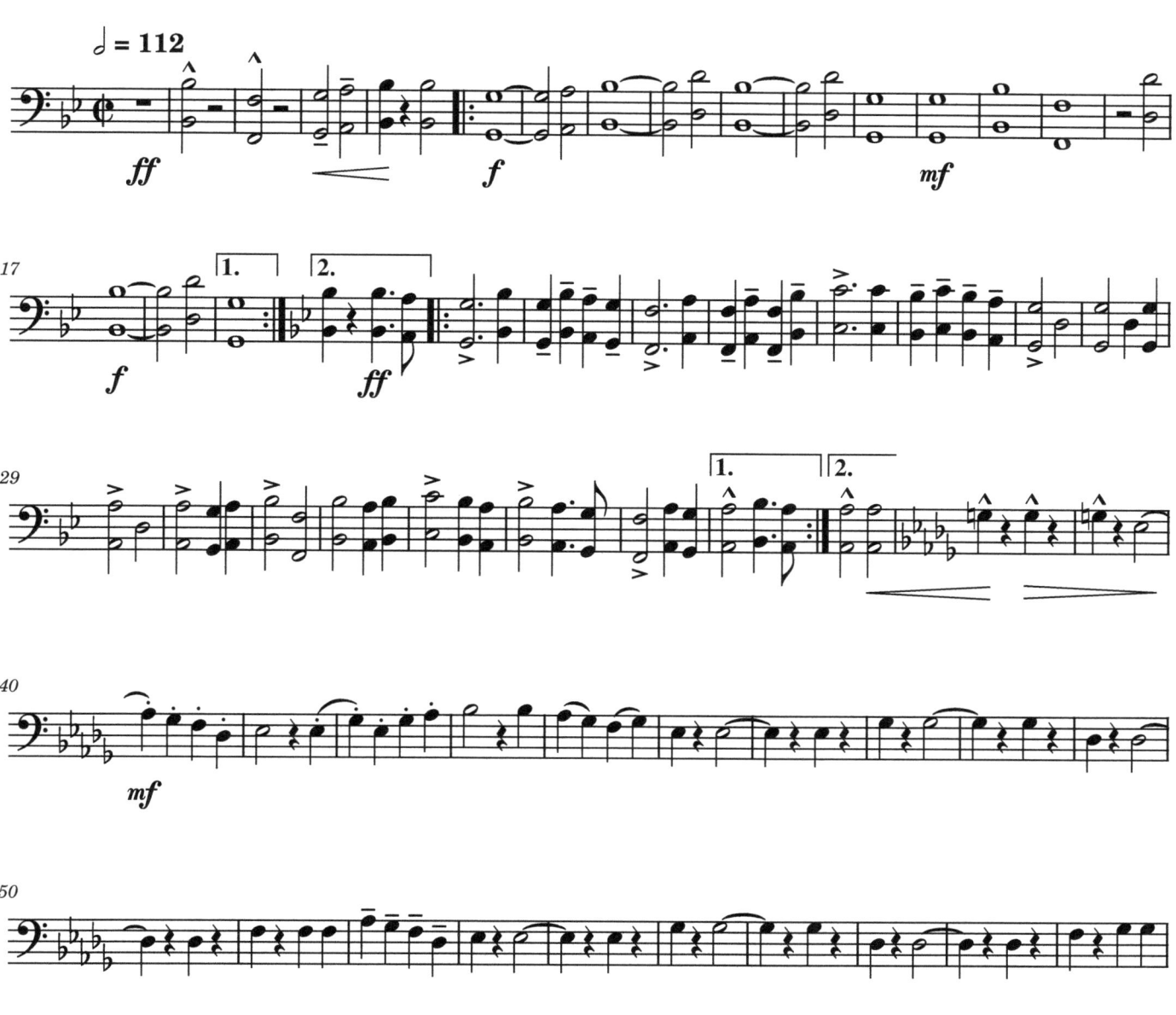

Marsch 2021

Tenorhorn (Mitteleuropa, Violinschlüssel)

Bariton

Marsch 2021

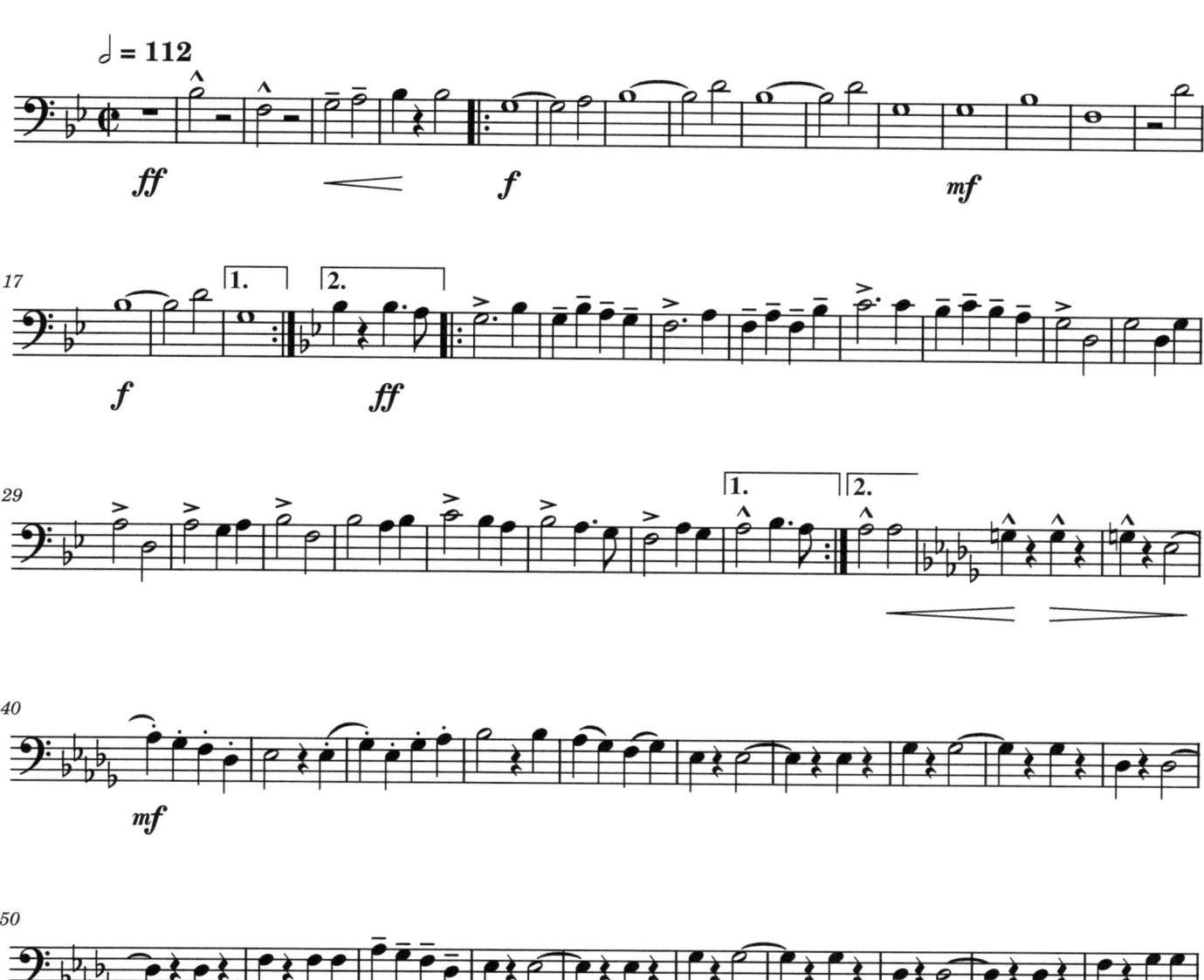

Marsch 2021

Baritonhorn (Mitteleuropa, Violinschlüssel)

Tuba

Marsch 2021

Große Trommel

Marsch 2021

Kleine Trommel

Marsch 2021

Becken

Marsch 2021

Marsch 2021

Schlagzeug

Marsch 2021

Glockenspiel

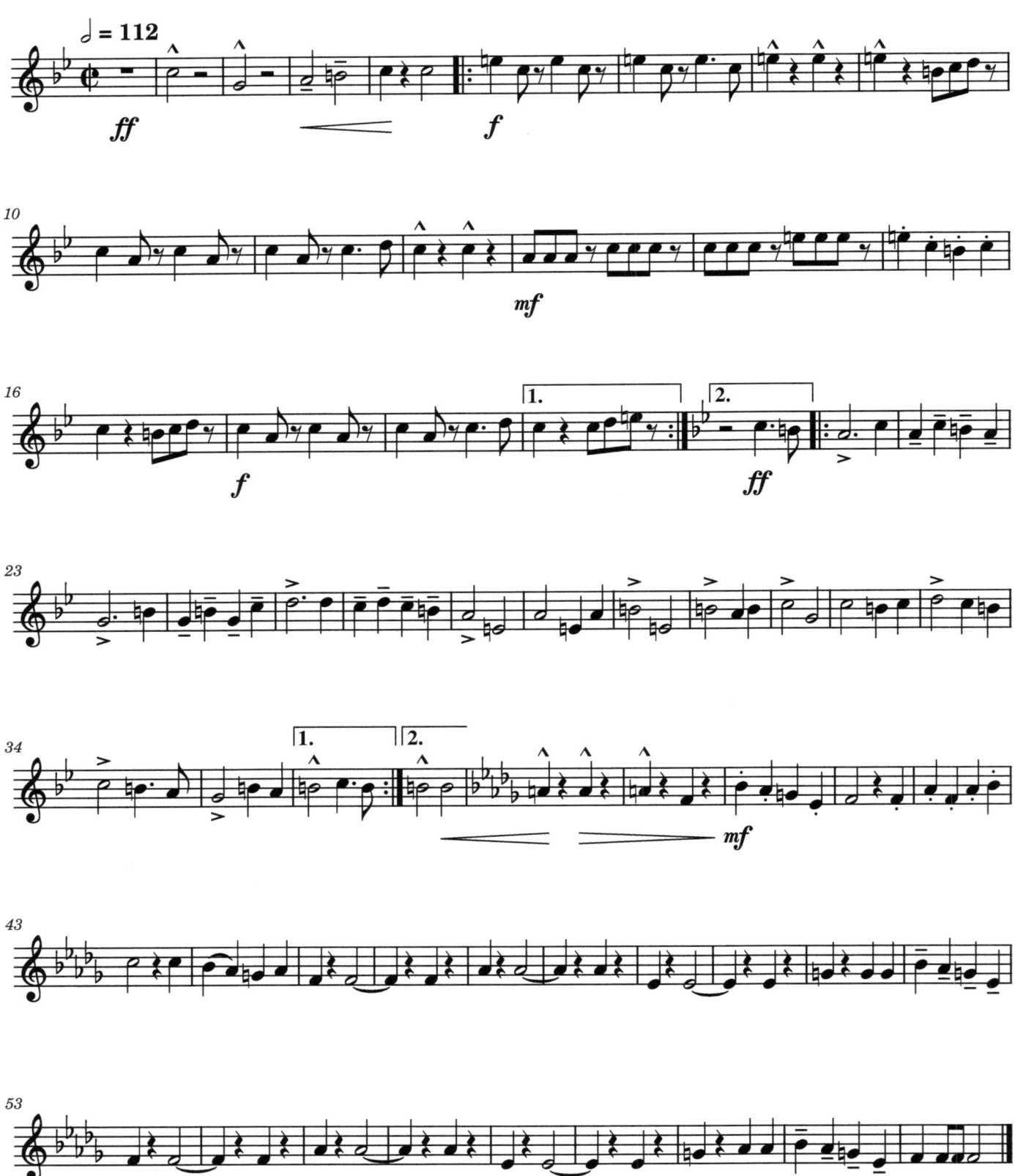